쉭쉭 소리 없이 강한 뱀

Original Title: Snakes Slither and Hiss
Copyright © 2023 Dorling Kindersley Limited
A Penguin Random House Company

www.dk.com

쉭쉭 소리없이 강한 뱀

피오나 록

DK | 삼성출판사

차례

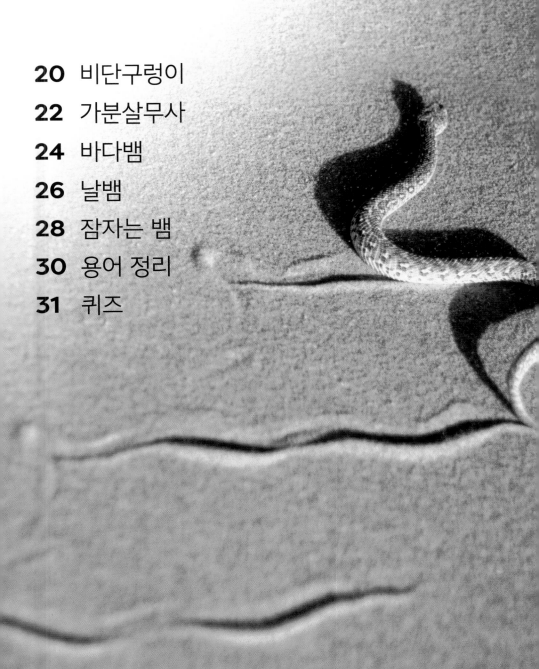

뱀들이 꿈틀꿈틀

얇고 단단한 비늘을 번뜩이며
뱀들이 구불구불 기어다녀요.

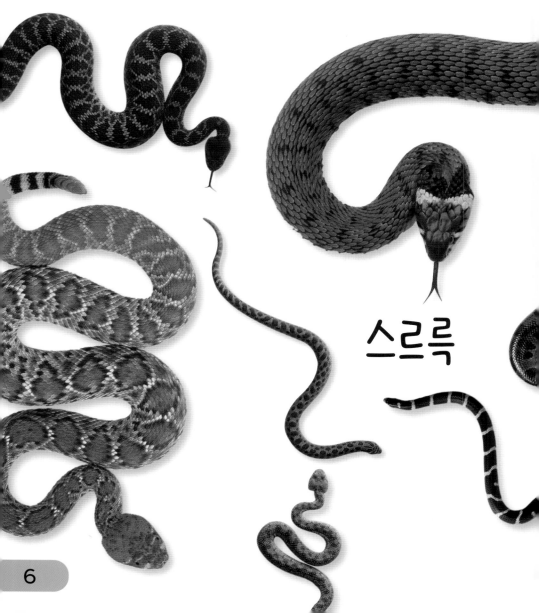

스르륵

비늘

쥐잡이뱀

엄마 뱀을 꼭 닮은 아기 뱀이
알을 깨고 나와요.

알

쉭쉭!

미국살무사

미국살무사가 빨간 혀를 날름거리며 냄새를 맡아요.
먹잇감을 물을 때면 목숨을 빼앗을 만큼
지독한 독을 뿜어내요.

혀

초록앵무뱀

초록앵무뱀이 입을 크게 벌리고

적에게 겁을 줘요.

초록앵무뱀은 도마뱀과 개구리를 잡아먹어요.

쉬익!

턱

살무사

살무사는 눈과 콧구멍 사이에 난
피트 기관으로 먹잇감을 찾아요.
그런 다음 송곳처럼 뾰족한 독니로 공격해요.

피트 기관
주변의 열을 느껴서
먹잇감을 찾는 걸
도와줘요.

독니

방울뱀

어디선가 방울 소리가 들리지 않나요?
방울뱀은 화가 나면 꼬리를 흔들어
달그락달그락 소리를 내요.

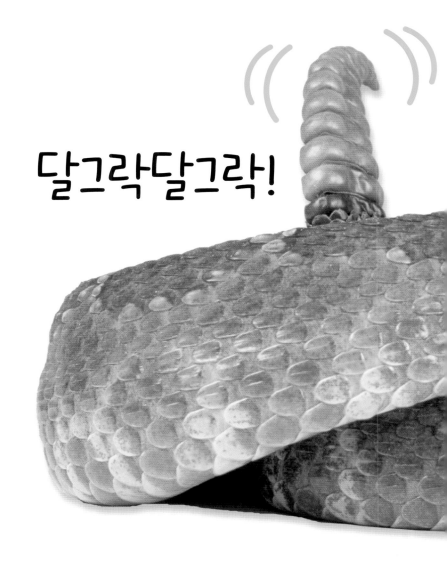

달그락달그락!

꼬리

독물총코브라

독물총코브라가 물총을 쏘듯 독을 뿜어요.
정확히 먹잇감의 눈을 노려요.

찌익!

납작하고
넓은 목

비단구렁이

비단구렁이가 몸을 둥그렇게 말아
쥐를 칭칭 감아요.
쥐가 발버둥을 멈출 때까지
결코 놓아주지 않아요.

칭칭!

쥐

가분살무사

가분살무사가 숲속에 쌓인
낙엽 사이에 숨었어요.
보호색이 낙엽 색깔에
잘 섞이게 해 주지요.

낙엽

쉿!

가분살무사

바다뱀

바다뱀이 물속에서 이리로 휙,
저리로 휙 헤엄을 쳐요.
땅에서는 바닷속에서처럼
자유롭게 움직이지 못해요.

줄무늬

휙휙

날뱀

저기 나무 위를 봐요!
날뱀은 공중을 미끄러지듯이 날아
나무에서 나무로 건너뛰어요.

몸통

나뭇가지

잠자는 뱀

뱀이 소라 껍데기처럼

빙빙 똬리를 틀고 잠을 자요.

따리

쉭쉭!

여러분은 뱀처럼 구불구불 기어다니면서
쉭쉭 소리를 낼 수 있나요?

용어 정리

독
식물이나 동물이 만들어 내는 물질로 건강이나 생명에 해롭다.

독니
독을 뿜어내는 날카로운 송곳니

똬리
둥글게 빙빙 말아 놓은 모양

보호색
동물이 포식자를 피해 몸을 숨기게 도와주는 색깔

비늘
뱀과 물고기의 피부를 덮고 있는 얇고 단단한 조각

알
아기 뱀이 안에서 자라나는 둥근 모양의 물질

턱
입을 둘러싸고 있으며 위턱과 아래턱으로 나뉜다.

피트 기관
콧구멍 근처에 있는 작은 열 감지 기관. 먹잇감을 찾아내는 데 쓰인다.

혀
입의 한 부분으로 맛을 느낀다. 뱀은 혀로 냄새를 맡을 수 있다.

퀴즈

이 책을 읽고 무엇을 알게 되었는지 물음에 답해 보세요.
(정답은 맨 아래에 있어요.)

나는 어떤 뱀일까요?

1. 나는 날카로운 독니로 공격을 하며, 눈과 콧구멍 사이에 피트 기관이 있어요.

2. 나는 화가 나면 꼬리를 흔들어 방울 소리를 내요.

3. 나는 보호색을 이용해 낙엽 사이에 몸을 숨겨요.

4. 나는 바닷속에서 수영을 잘해요.

5. 나는 공중을 미끄러지듯이 날아 나무에서 나무로 건너뛰어요.

1. 살무사 2. 방울뱀 3. 가분살무사 4. 바다뱀 5. 날뱀

DK 읽는재미!
SUPER Readers

아이들의 흥미와 발달을 모두 고려한
체계적인 읽기 프로그램 <DK 읽는 재미>.
스트레스 없는 책 읽기를 통해
아이들의 문해력이 자연스럽게 향상됩니다.

LEVEL 1

스스로 읽어요

취학 전~
초등 1학년

본문 32p